AF187086

Impressum
Verlag: BABADADA GmbH, Nedderfeld 112 , 22529 Hamburg
Geschäftsführer / Verlagsleitung: Harald Hof
Druck: Books on Demand GmbH, In de Tarpen 42, 22848 Norderstedt

Imprint
Publisher: BABADADA GmbH, Nedderfeld 112 , 22529 Hamburg, Germany
Managing Director / Publishing direction: Harald Hof
Print: Books on Demand GmbH, In de Tarpen 42, 22848 Norderstedt

escuela

okul

dividir
böl

186/2

pizarra
tahta

aula
sınıf

patio
okul bahçesi

maestro/a
öğretmen

escribir
yazmak

papel
kağıt

boligrafo
kalem

escritorio
masa

regla
cetvel

libro
kitap

alumno/a
öğrenci

cartera

okul çantası

caja de lápices

kalemlik

lápiz

kurşun kalem

sacapuntas

kalem açacağı

goma de borrar

silgi

cuaderno de dibujo

çizim defteri

dibujo

çizim

pincel

resim fırçası

caja de pinturas

boya kutusu

tijeras

makas

pegamento

tutkal

cuaderno de ejercicios

alıştırma kitabı

deberes

ödev

12

número

sayı

2+2

sumar

ekle

5-2

restar

çıkar

2×2

multiplicar

çarp

calcular

hesapla

A

letra

harf

ABCDEFG
HIJKLMN
OPQRSTU
VWXYZ

alfabeto

alfabe

hello

palabra

kelime

texto

metin

leer

okumak

tiza

tebeşir

lección

ders

cuaderno de notas

kayıt

examen

sınav

certificado

sertifika

uniforme escolar

okul forması

educación

eğitim

enciclopedia

ansiklopedi

universidad

üniversite

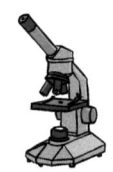

microscopio

mikroskop

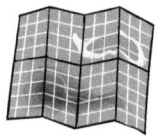

mapa

harita

papelera

kağıt çöp kutusu

hotel
otel

Grand

albergue
pansiyon

ROOMS

oficina de cambio de divisas
döviz bürosu

EXCHANGE

maleta
bavul

coche
otomobil

idioma
dil

sí / no
evet / hayır

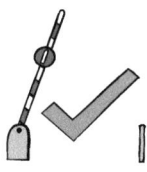

Vale
Tamam

hola
merhaba

traductor
çevirmen

Gracias
Teşekkür ederim

¿cuánto es…?

bu … ne kadar?

No entiendo

anlamadım

problema

problem

¡Buenas tardes!

İyi akşamlar!

¡Buenos días!

Günaydın!

¡Buenas noches!

İyi geceler!

adiós

güle güle

dirección

yön

equipaje

bagaj

bolsa

çanta

mochila

sırt çantası

invitado

misafir

habitación

oda

saco de dormir

uyku tulumu

tienda de campaña

çadır

información turística

turist danışma

playa

sahil

tarjeta de crédito

kredi kartı

desayuno

kahvaltı

almuerzo

öğle yemeği

cena

akşam yemeği

billete

Bilet

ascensor

asansör

sello

pul

frontera

sınır

aduana

gümrük

embajada

elçilik

visa

vize

pasaporte

pasaport

transporte

ulaşım

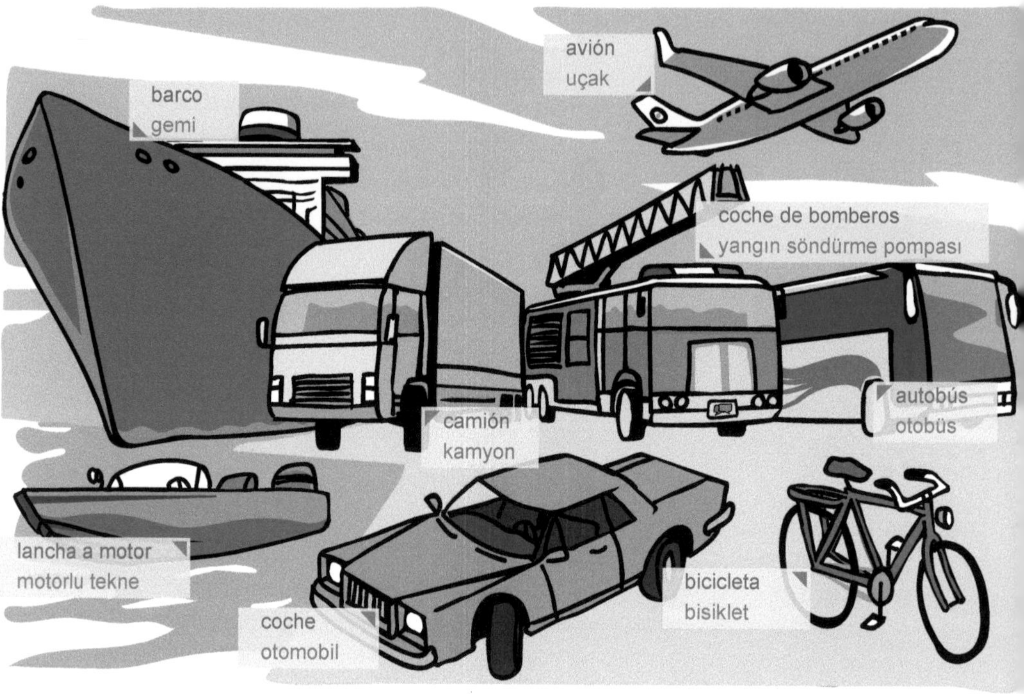

barco
gemi
avión
uçak
coche de bomberos
yangın söndürme pompası
autobús
otobüs
camión
kamyon
lancha a motor
motorlu tekne
bicicleta
bisiklet
coche
otomobil

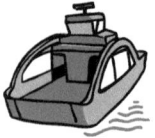

transbordador

feribot

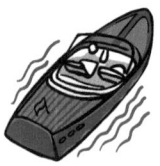

barca

bot

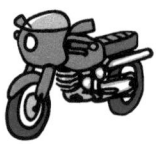

moto

motosiklet

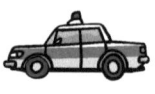

coche de policía

polis arabası

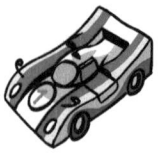

coche de carreras

yarış arabası

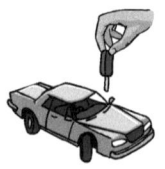

coche de alquiler

kiralık araba

préstamo de vehículos
ortak araba

grúa
çekici

camión de la basura
çöp kamyonu

motor
motor

gasolina
yakıt

gasolinera
benzinlik

señal de tráfico
trafik işareti

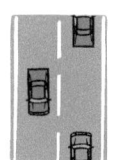

tráfico
trafik

atasco
trafik sıkışıklığı

aparcamiento
otopark

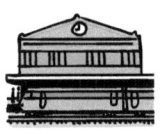

estación de tren
tren istasyonu

vías
ray

tren
tren

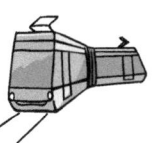

tranvía
tramvay

vagón
vagon

helicóptero

helikopter

aeropuerto

havaalanı

torre

kule

pasajero

yolcu

contenedor

konteyner

caja de cartón

koli

carretilla

yük arabası

cesta

sepet

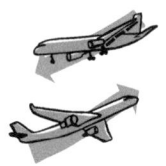

despegar / aterrizar

kalkış / iniş

ciudad
şehir

pueblo

köy

centro de ciudad

şehir merkezi

casa

ev

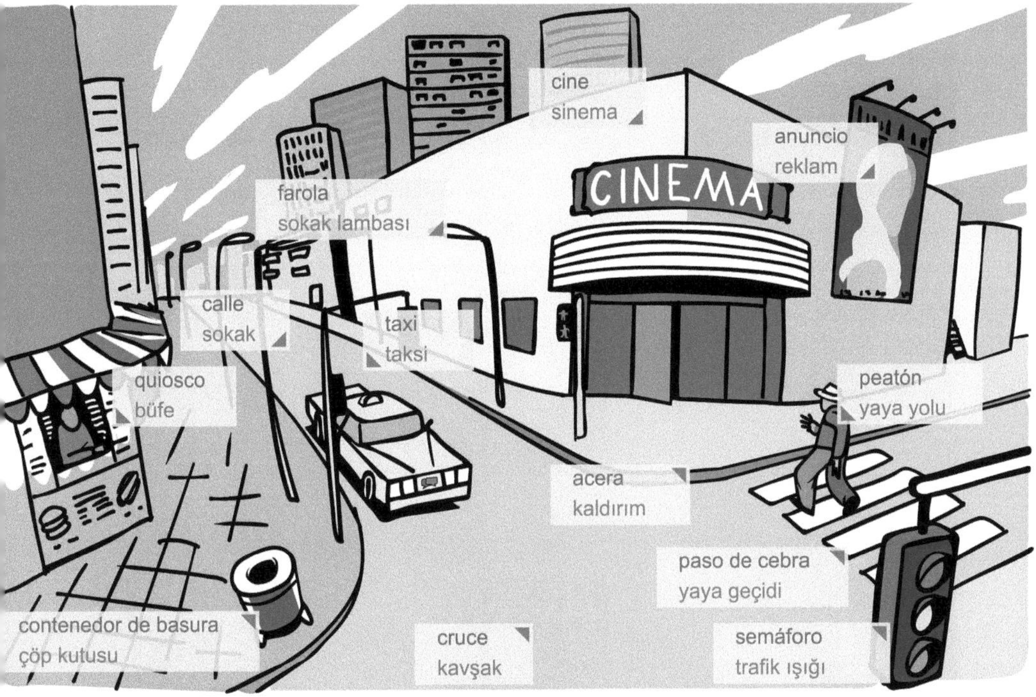

cine
sinema
anuncio
reklam
CINEMA
farola
sokak lambası
calle
sokak
taxi
taksi
quiosco
büfe
peatón
yaya yolu
acera
kaldırım
paso de cebra
yaya geçidi
contenedor de basura
çöp kutusu
cruce
kavşak
semáforo
trafik ışığı

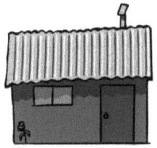

cabaña

kulübe

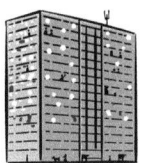

apartamento

apartman dairesi

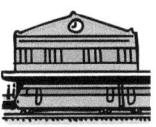

estación de tren

tren istasyonu

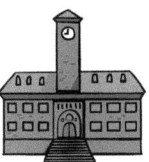

ayuntamiento

belediye binası

MUSEUM

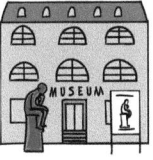

museo

müze

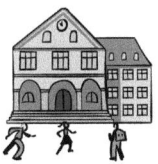

escuela

okul

universidad

üniversite

banco

banka

hospital

hastane

hotel

otel

farmacia

eczane

oficina

ofis

librería

kitapçı

tienda

mağaza

floristería

çiçekçi

supermercado

süpermarket

mercado

market

grandes almacenes

büyük mağaza

pescadería

balık satıcısı

centro comercial

alışveriş merkezi

puerto

liman

parque

park

banco

bank

puente

köprü

escaleras

merdiven

metro

metro

túnel

tünel

parada de autobús

otobüs durağı

bar

bar

restaurante

restoran

buzón

posta kutusu

poste indicador

sokak tabelası

parquímetro

otopark sayacı

zoo

hayvanat bahçesi

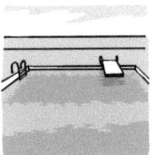

piscina

yüzme havuzu

mezquita

cami

granja
çiftlik

contaminación
kirlilik

cementerio
mezarlık

iglesia
kilise

patio de juego
oyun alanı

templo
tapınak

paisaje
arazi

hoja
yaprak

señal
yön tabelası

camino
yol

prado
çayır

piedra
taş

excursionista
yürüyüşçü

árbol
ağaç

río
ırmak

hierba
çimen

flor
çiçek

valle
vadi

colina
tepe

lago
göl

bosque
orman

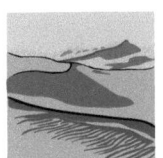

desierto
çöl

volcán
volkan

castillo
kale

arcoíris
gökkuşağı

champiñón
mantar

palmera
palmiye

mosquito
sivrisinek

mosca
sinek

hormiga
karınca

abeja
arı

araña
örümcek

escarabajo

böcek

rana

kurbağa

ardilla

sincap

erizo

kirpi

liebre

yabani tavşan

lechuza

baykuş

pájaro

kuş

cisne

kuğu

jabalí

yaban domuzu

ciervo

geyik

alce

geyik

presa

baraj

turbina eólica

rüzgar türbini

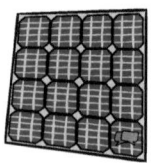

panel solar

güneş paneli

clima

iklim

restaurante
restoran

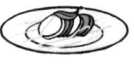

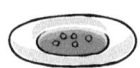

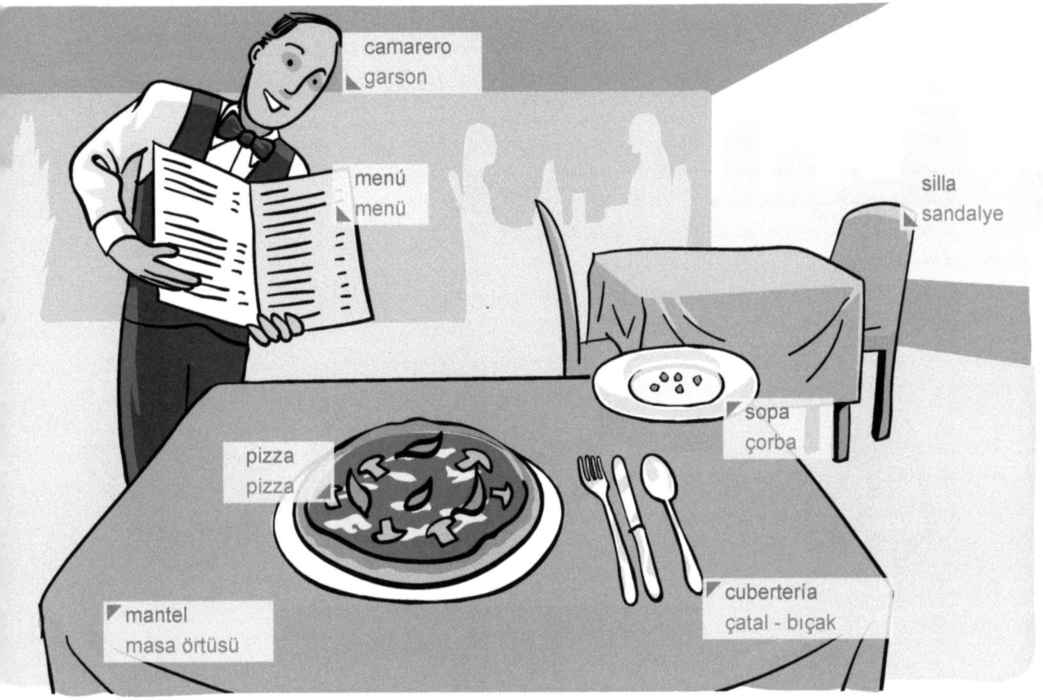
camarero
garson
menú
menü
silla
sandalye
sopa
çorba
pizza
pizza
cubertería
çatal - bıçak
mantel
masa örtüsü

primer plato

başlangıç

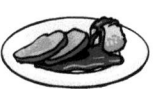

plato principal

ana yemek

postre

tatlı

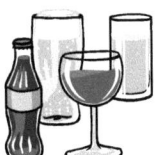

bebidas

içecekler

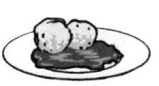

comida

yemek

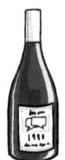

botella

şişe

comida rápida

fastfood

comida callejera

sokak yemeği

tetera

çaydanlık

azucarero

şekerlik

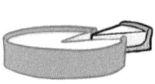

porción

porsiyon

cafetera expreso

espresso makinesi

trona

mama sandalyesi

cuenta

fatura

bandeja

tepsi

cuchillo

bıçak

tenedor

çatal

cuchara

kaşık

cucharilla

çay kaşığı

servilleta

servis peçetesi

vaso

bardak

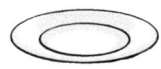

plato
tabak

plato hondo
çorba kasesi

platillo
fincan altlığı

salsa
sos

salero
tuzluk

molinillo de pimienta
karabiber değirmeni

vinagre
sirke

aceite
yağ

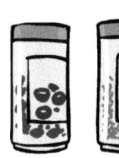

especias
baharat

ketchup
ketçap

mostaza
hardal

mayonesa
mayonez

supermercado
süpermarket

oferta especial
özel teklif
FOR
cliente
müşteri
lácteos
süt ürünleri
fruta
meyve
carro de la compra
alışveriş arabası

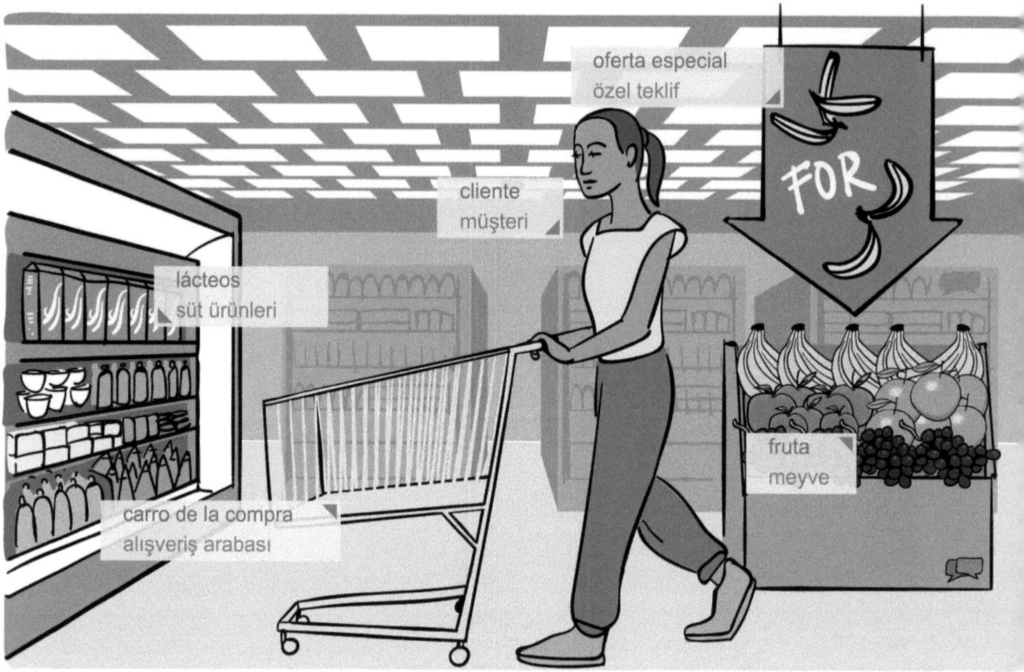

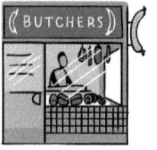

BUTCHERS

carnicería
kasap

BAKERY

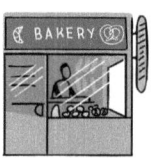

panadería
fırın

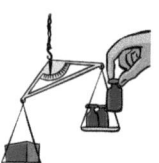

pesar
tartmak

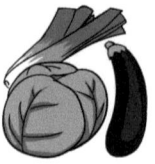

verduras
sebze

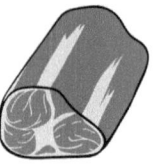

carne
et

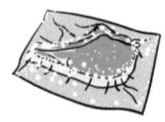

alimentos congelados
donmuş gıda

fiambres
söğüş et

conservas
konserve yiyecek

detergente en polvo
toz deterjan

dulces
şekerlemeler

productos de uso doméstico
ev temizlik ürünleri

productos de limpieza
temizlik ürünleri

vendedora
satış görevlisi

caja
yazar kasa

cajero
kasiyer

lista de la compra
alışveriş listesi

horario de atención al público
açılış saatleri

cartera
cüzdan

tarjeta de crédito
kredi kartı

bolsa
çanta

bolsa de plástico
plastik poşet

agua

su

zumo

meyve suyu

leche

süt

cola

kola

vino

şarap

cerveza

bira

alcohol

alkol

cacao

kakao

té

çay

café

kahve

expreso

espresso

capuchino

kapuçino

plátano

muz

manzana

elma

naranja

portakal

melón

kavun

limón

limon

zanahoria

havuç

ajo

sarımsak

bambú

bambu

cebolla

soğan

champiñón

mantar

avellanas

çerez

fideos

makarna

espagueti

spagetti

arroz

pirinç

ensalada

salata

patatas fritas

cips

patatas fritas

patates kızartması

pizza

pizza

hamburguesa

hamburger

sándwich

sandviç

filete

şinitzel

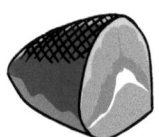

jamón

pastırma

salami

salam

salchicha

sosis

pollo

tavuk

asado

rosto

pescado

balık

copos de avena

yulaf ezmesi

muesli

müsli

copos de maíz

mısır gevreği

harina

un

cruasán

kruvasan

panecillo

küçük ekmek

pan

ekmek

tostada

tost

galletas

bisküvi

mantequilla

tereyağı

cuajada

kaymak

pastel

kek

huevo

yumurta

huevo frito

sahanda yumurta

queso

peynir

helado

dondurma

azúcar

şeker

miel

bal

mermelada

reçel

crema de turrón

fındık ezmesi

curry

köri

granja
çiftlik

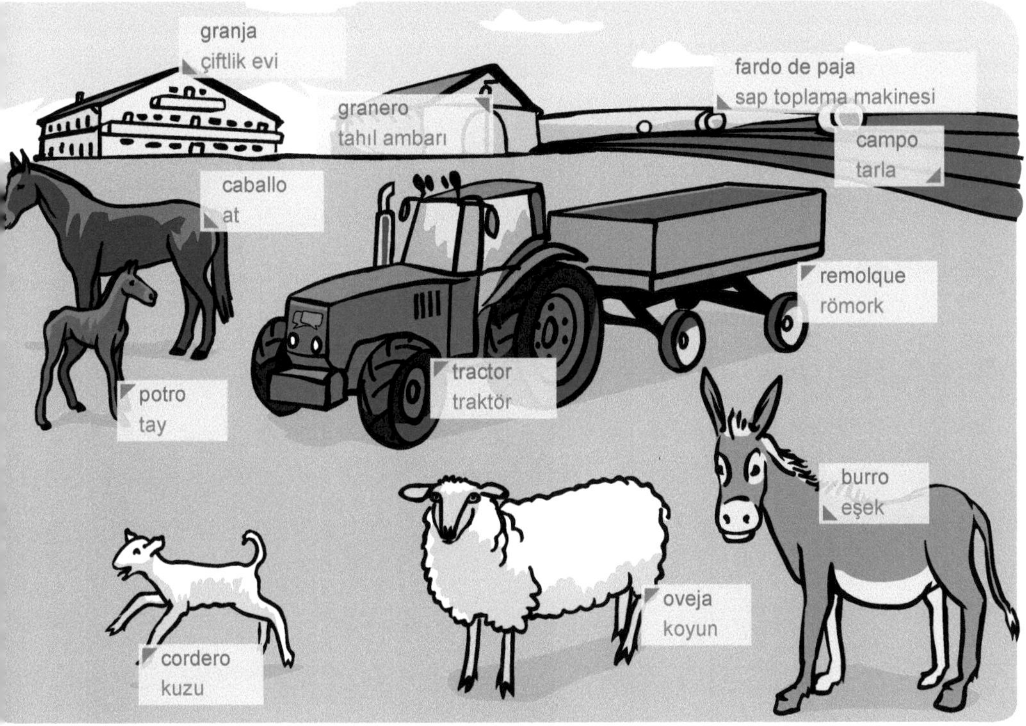
granja
çiftlik evi
granero
tahıl ambarı
fardo de paja
sap toplama makinesi
campo
tarla
caballo
at
remolque
römork
tractor
traktör
potro
tay
burro
eşek
oveja
koyun
cordero
kuzu

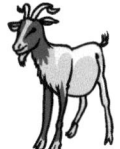

cabra
keçi

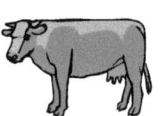

vaca
inek

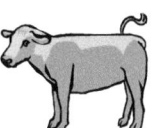

ternero
buzağı

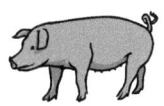

cerdo
domuz

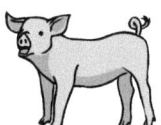

cerdito
domuz yavrusu

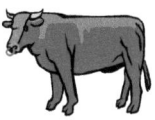

toro
boğa

ganso
kaz

pato
ördek

pollo
civciv

gallina
tavuk

gallo
horoz

rata
sıçan

gato
kedi

ratón
fare

buey
öküz

perro
köpek

perrera
köpek kulübesi

manguera
bahçe hortumu

regadera
sulama kabı

guadaña
tırpan

arado
pulluk

hoz

orak

azada

çapa

horca

dirgen

hacha

balta

carretilla

el arabası

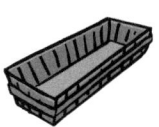

abrevadero

yemlik

lechera

süt kovası

saco

çuval

valla

çit

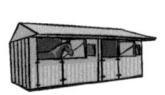

establo

ahır

invernadero

sera

suelo

toprak

semilla

tohum

fertilizador

gübre

cosechadora

biçerdöver

cosechar
hasat etmek

cosecha
harman

ñame
tatlı patates

trigo
buğday

soja
soya

patata
patates

maíz
mısır

semilla de colza
kolza

árbol frutal
meyve ağacı

mandioca
manyok

cereales
hububat

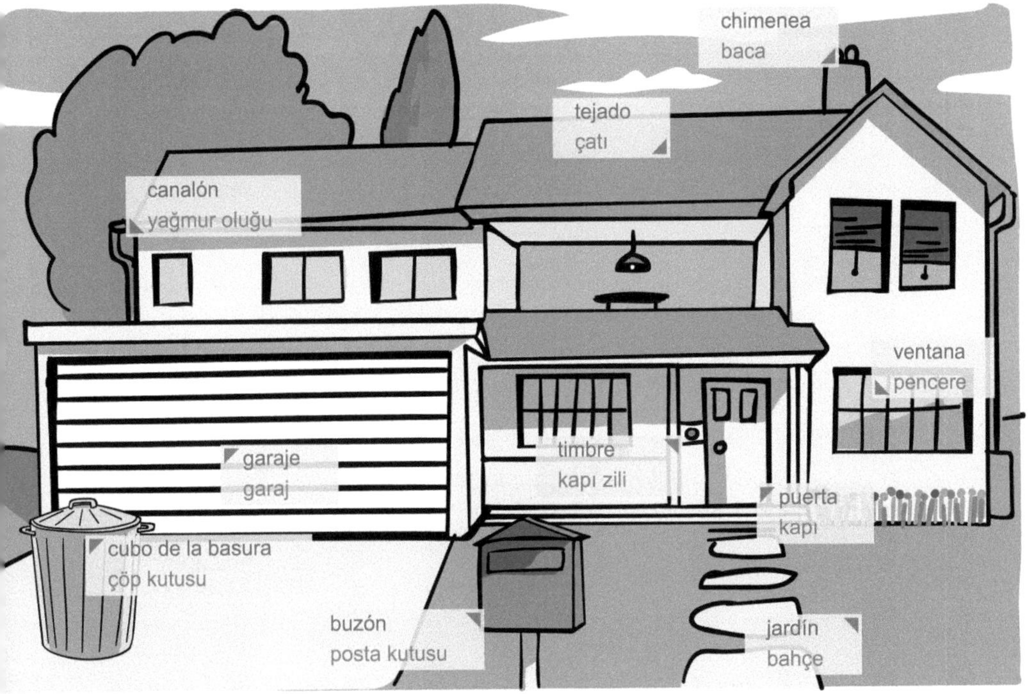

chimenea
baca

tejado
çatı

canalón
yağmur oluğu

ventana
pencere

garaje
garaj

timbre
kapı zili

puerta
kapı

cubo de la basura
çöp kutusu

buzón
posta kutusu

jardín
bahçe

sala

oturma odası

cuarto de baño

banyo

cocina

mutfak

dormitorio

yatak odası

habitación de los niños

çocuk odası

comedor

yemek odası

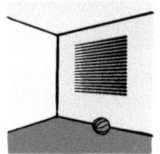

suelo
zemin

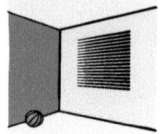

pared
duvar

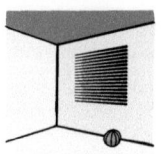

techo
tavan

sótano
kiler

sauna
sauna

balcón
balkon

terraza
teras

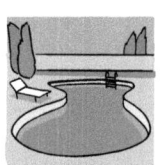

piscina
havuz

cortacésped
çim biçme makinesi

sábana
çarşaf

colcha
yatak örtüsü

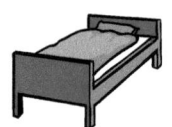

cama
yatak

escoba
süpürge

balde
kova

interruptor
anahtar

sala
oturma odası

papel pintado
duvar kağıdı
imagen
resim
lámpara
lamba
estante
raf
armario
dolap
televisión
televizyon
chimenea
şömine
flor
çiçek
cojín
minder
sofá
kanepe
jarrón
vazo
mando a distancia
uzaktan kumanda

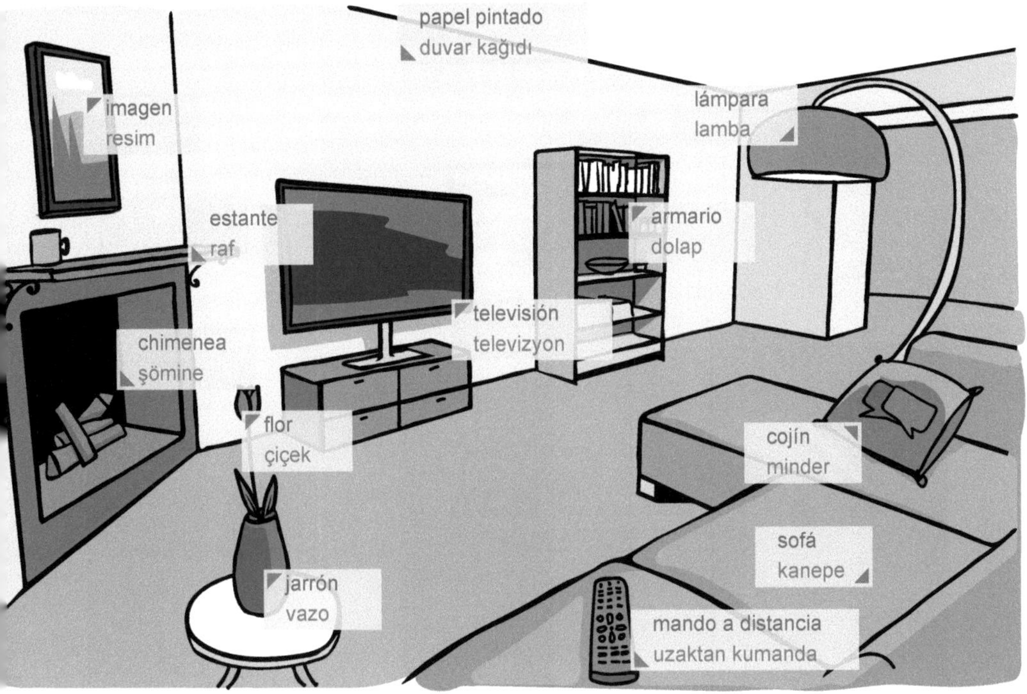

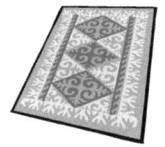

alfombra

halı

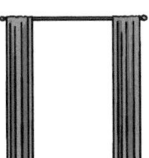

cortina

perde

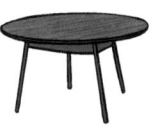

mesa

masa

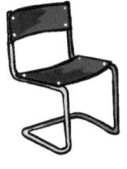

silla

sandalye

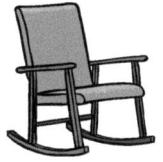

mecedora

salıncaklı koltuk

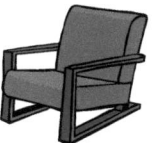

butaca

koltuk

libro

kitap

manta

battaniye

decoración

dekor

leña

odun

película

film

equipo de música

hi-fi

llave

anahtar

periódico

gazete

pintura

tablo

póster

poster

radio

radyo

cuaderno

defter

aspiradora

elektrikli süpürge

cactus

kaktüs

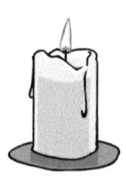

vela

mum

cocina
mutfak

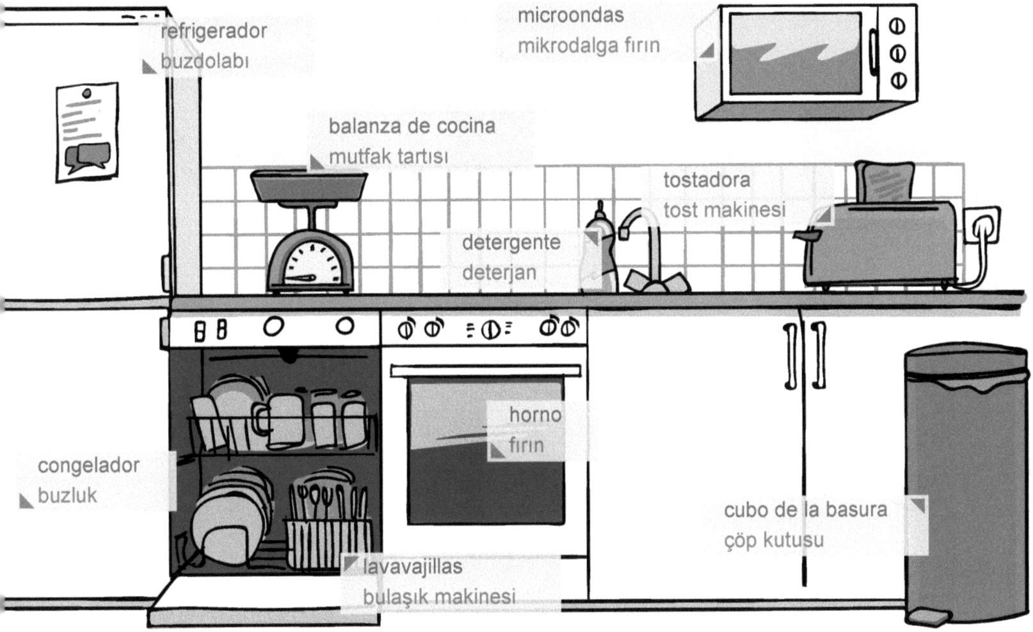
refrigerador
buzdolabı
microondas
mikrodalga fırın
balanza de cocina
mutfak tartısı
tostadora
tost makinesi
detergente
deterjan
horno
fırın
congelador
buzluk
cubo de la basura
çöp kutusu
lavavajillas
bulaşık makinesi

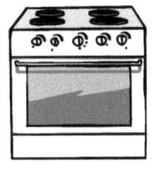

olla a presión

ocak

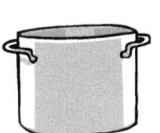

olla

tencere

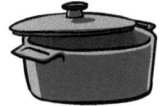

olla de hierro fundido

döküm tencere

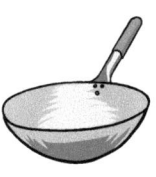

wok / karahi

wok

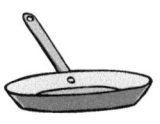

cazuela

tava

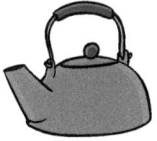

hervidor

su ısıtıcı

vaporera

buharlı pişirici

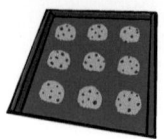

chapa de horno

pişirme tepsisi

vajilla

tabak takımı

taza

kupa

tazón

kase

palillos

çubuk (çin yemeği)

cucharón

kepçe

espumadera

spatula

batidor

çırpma teli

colador

süzgeç

cedazo

elek

rallador

rende

mortero

havan

barbacoa

barbekü

hoguera

açık ateş

tabla de picar

kesme tahtası

rodillo

merdane

sacacorchos

tirbüşon

lata

konserve kutusu

abrelatas

konserve açacağı

agarrador

fırın eldiveni

lavabo

evye

cepillo

fırça

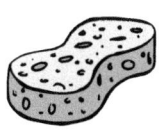

esponja

sünger

batidora

blender

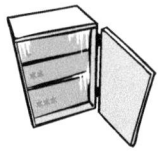

congelador

derin dondurucu

biberón

biberon

grifo

musluk

cuarto de baño

banyo

calefacción
ısıtma
ducha
duş
toalla
havlu
cortina de la ducha
duş perdesi
baño de espuma
köpük banyosu
bañera
küvet
vaso
bardak
lavadora
çamaşır makinesi
grifo
musluk
baldosas
fayans
orinal
lazımlık
lavabo
evye

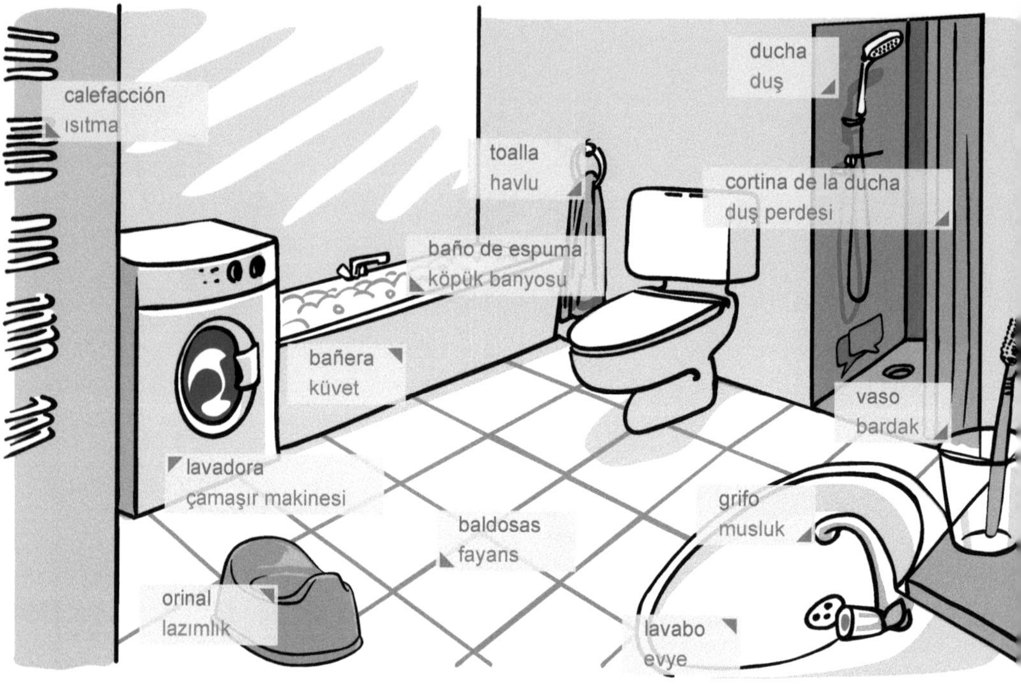

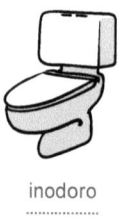

inodoro

tuvalet

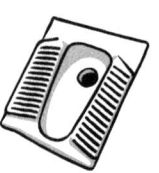

inodoro rústico

alaturka tuvalet

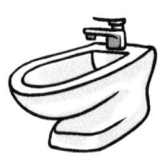

bidé

bide

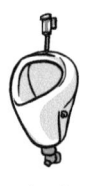

urinario

pisuvar

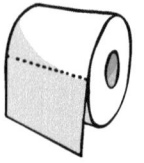

papel higiénico

tuvalet kağıdı

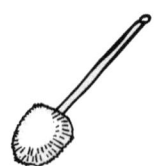

escobilla del váter

tuvalet fırçası

cepillo de dientes

diş fırçası

pasta de dientes

diş macunu

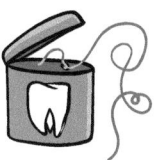

hilo dental

diş ipi

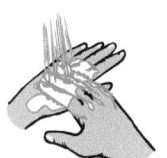

lavar

yıkamak

ducha de mano

duş başlığı

ducha íntima

duş başlığı şeklinde taharet musluğu

pila

küvet

cepillo de espalda

banyo fırçası

jabón

sabun

gel de ducha

duş jeli

champú

şampuan

toallita

banyo lifi

desagüe

gider

crema

krem

desodorante

deodorant

espejo

ayna

espejo de tocador

el aynası

maquinilla de afeitar

jilet

espuma de afeitar

tıraş köpüğü

loción postafeitado

tıraş losyonu

peine

tarak

cepillo

fırça

secador

saç kurutma makinesi

laca

saç spreyi

maquillaje

makyaj

pintalabios

ruj

pintauñas

tırnak cilası

algodón

pamuk

cortauñas

tırnak makası

perfume

parfüm

estuche de viaje

makyaj çantası

banqueta

tabure

balanza

tartı

albornoz

bornoz

guantes de goma

lastik eldiven

tampón

tampon

compresa

kadın pedi

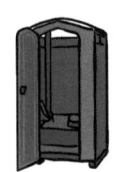

inodoro químico

kimyevi tuvalet

habitación de los niños

çocuk odası

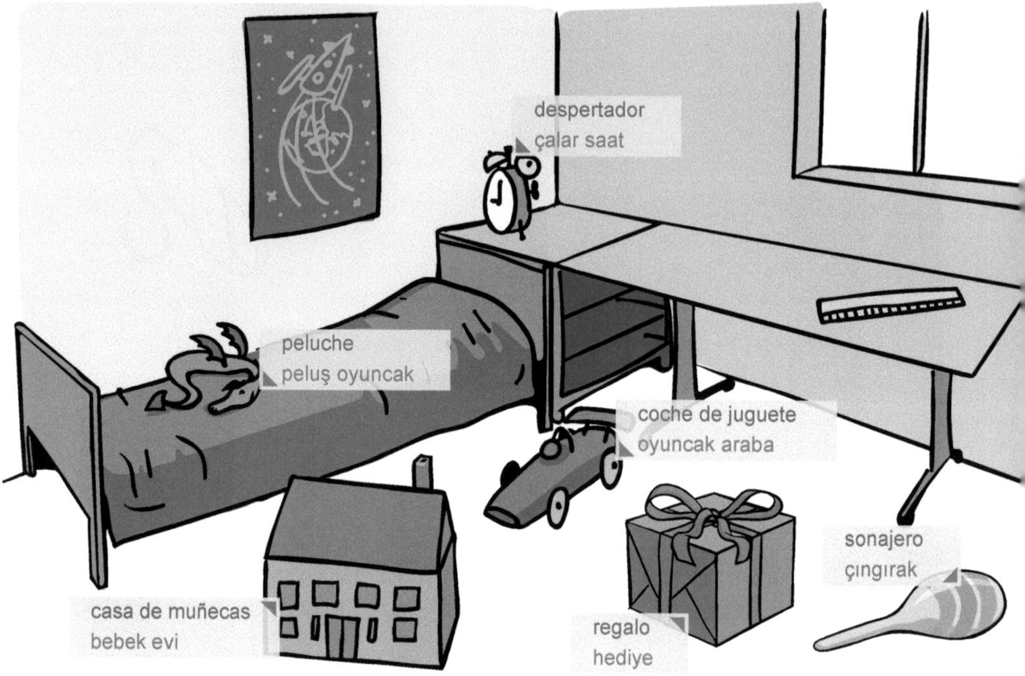
despertador
çalar saat
peluche
peluş oyuncak
coche de juguete
oyuncak araba
sonajero
çıngırak
casa de muñecas
bebek evi
regalo
hediye

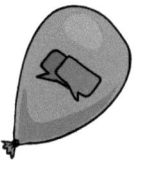

globo
balon

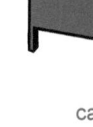

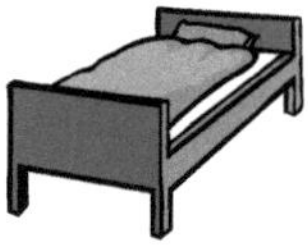

cama
yatak

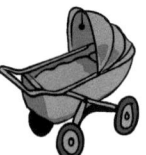

coche de niño
bebek arabası

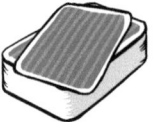

naipes
kart destesi

puzle
yapboz

SUPER
MEGA

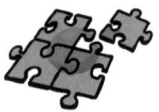

tebeo
çizgi roman

piezas de lego

lego tuğlaları

bloques de juguete

lego blokları

figura de acción

aksiyon figürü

bodi (de bebé)

zıbın

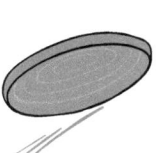

frisbee

frizbi

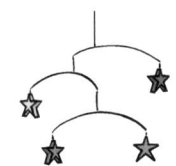

colgador móvil para bebés

dönence

juego de mesa

masa oyunu

dados

zar

circuito de tren eléctrico

model tren seti

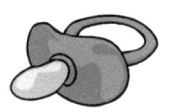

maniquí

emzik

fiesta

parti

álbum de fotos

resimli kitap

pelota

top

muñeca

oyuncak bebek

jugar

oynamak

cajón de arena

kum havuzu

columpio

salıncak

juguetes

oyuncaklar

videoconsola

video oyun konsolu

triciclo

üç tekerlekli bisiklet

oso de peluche

oyuncak ayı

guardarropa

gardırop

ropa
kıyafet

calcetines

çorap

medias

külotlu çorap

leotardos

tayt

bufanda
eşarp

paraguas
şemsiye

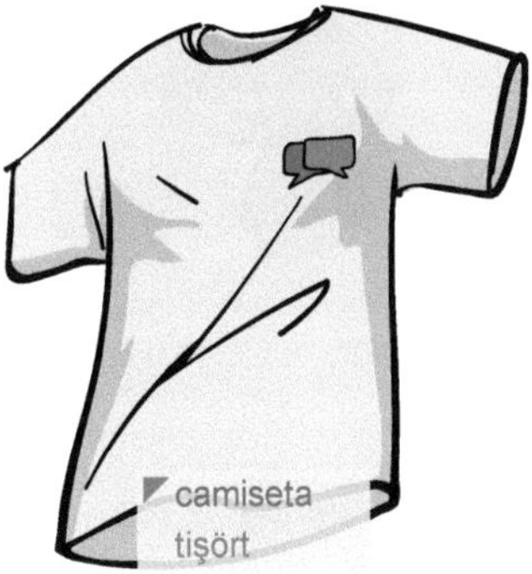

camiseta
tişört

cinturón
kemer

botas
bot

zapatillas
terlik

deportivas
spor ayakkabı

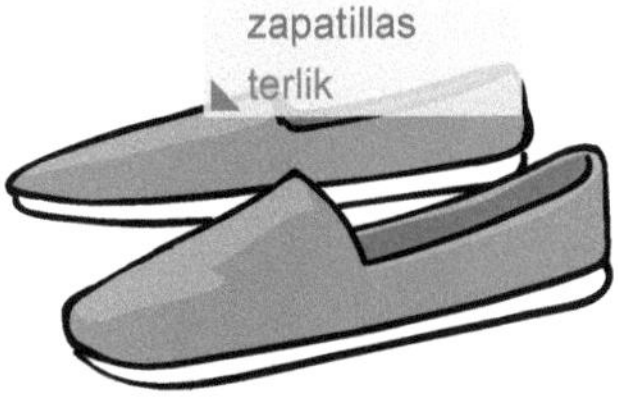

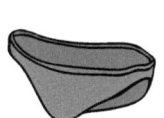

sandalias
....
sandalet

zapatos
....
ayakkabı

botas de goma
....
lastik çizme

slip
....
külot

sostén
....
sütyen

chaleco
....
yelek

bodi

dar bluz

pantalones

pantolon

vaqueros

kot pantolon

falda

etek

blusa

bluz

camisa

gömlek

jersey

kazak

suéter

süveter

blazer

blazer

chaqueta

ceket

abrigo

mont

gabardina

yağmurluk

traje

kostüm

vestido

elbise

vestido de novia

gelinlik

traje
takım elbise

camisón
gecelik

pijama
pijama

sari
sari

bandana
baş örtüsü

turbante
türban

burka
burka

caftán
kaftan

abaya
çarşaf

traje de baño
mayo

bañador
erkek mayosu

pantalones cortos
şort

chándal
eşofman

delantal
önlük

guantes
eldiven

botón
....
düğme

gafas
....
gözlük

brazalete
....
bilezik

collar
....
kolye

anillo
....
yüzük

pendiente
....
küpe

gorra
....
kep

percha
....
portmanto

sombrero
....
şapka

corbata
....
kravat

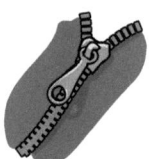

cremallera
....
fermuar

casco
....
kask

tirantes
....
pantolon askısı

uniforme escolar
....
okul forması

uniforme
....
üniforma

babero

mama önlüğü

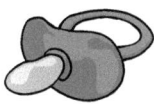

maniquí

emzik

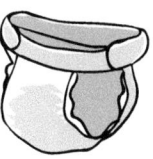

pañal

bebek bezi

oficina
ofis

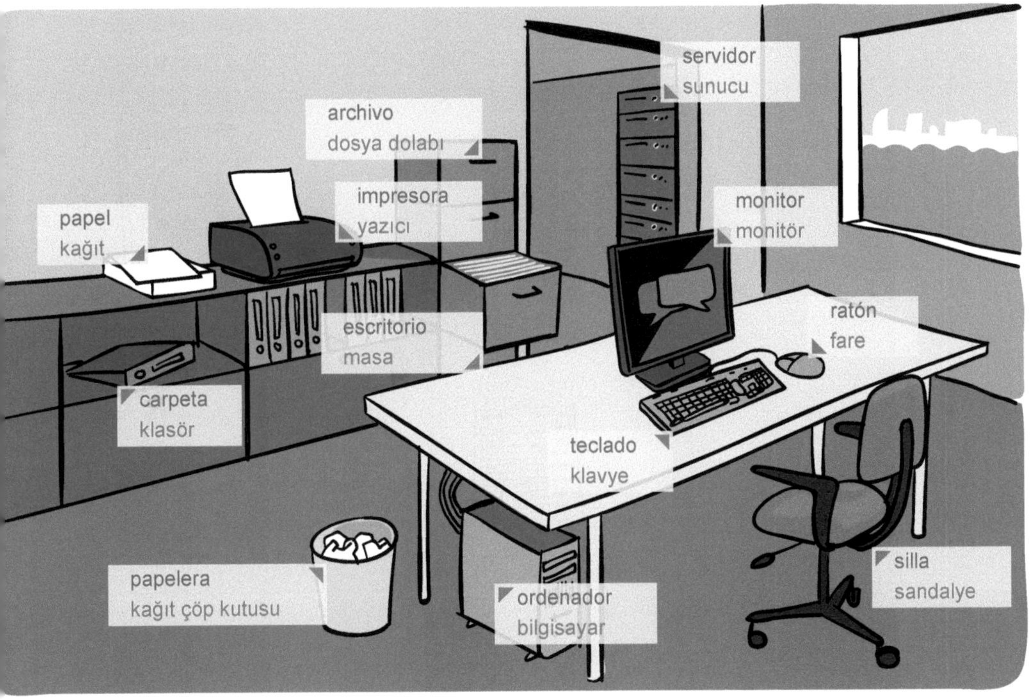

servidor
sunucu

archivo
dosya dolabı

impresora
yazıcı

papel
kağıt

monitor
monitör

escritorio
masa

ratón
fare

carpeta
klasör

teclado
klavye

silla
sandalye

papelera
kağıt çöp kutusu

ordenador
bilgisayar

taza de café

kahve fincanı

calculadora

hesap makinesi

internet

internet

portátil

dizüstü

carta

mektup

mensaje

mesaj

móvil

cep telefonu

red

ağ

fotocopiadora

fotokopi makinesi

software

yazılım

teléfono

telefon

toma de corriente

priz

fax

faks makinesi

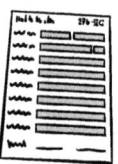

formulario

form

documento

belge

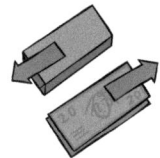

comprar

satın almak

pagar

ödemek

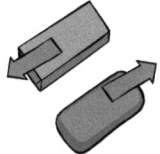

comerciar

ticaret yapmak

dinero

para

dólar

dolar

euro

avro

yen

yen

rublo

ruble

franco suizo

İsviçre frangı

renminbi yuan

Çin yuanı

rupia

rupi

cajero automático

kasa

oficina de cambio de divisas

döviz bürosu

oro

altın

plata

gümüş

petróleo

petrol

energía

enerji

precio

fiyat

contrato

kontrat

impuesto

vergi

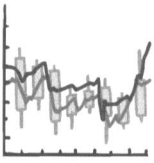

acción

menkul değer

trabajar

çalışmak

empleado

işveren

empleador

işçi

fábrica

fabrika

tienda

mağaza

economía - ekonomi

oficios
meslekler

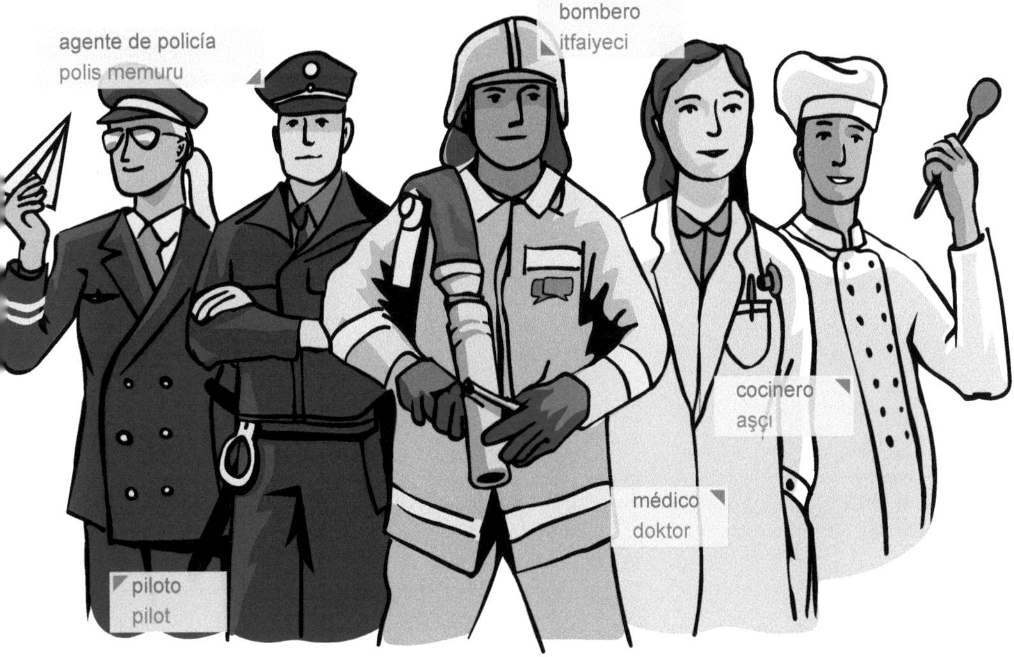

agente de policía
polis memuru
bombero
itfaiyeci
cocinero
aşçı
médico
doktor
piloto
pilot

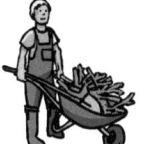

jardinero

bahçıvan

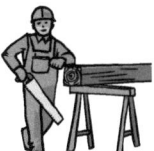

carpintero

marangoz

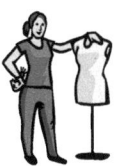

costurera

terzi

juez

hakim

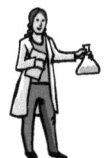

farmacéutico

kimyager

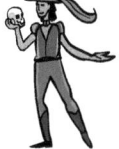

actor

aktör

conductor de autobús

otobüs şoförü

taxista

taksi şoförü

pescador

balıkçı

señora de la limpieza

temizlikçi

techador

çatı ustası

camarero

garson

cazador

avcı

pintor

boyacı

panadero

fırıncı

electricista

elektrikçi

obrero

inşaatçı

ingeniero

mühendis

carnicero

kasap

fontanero

muslukçu

cartero

postacı

soldado
asker

arquitecto
mimar

cajero
kasiyer

florista
çiçekçi

peluquero
kuaför

revisor
kondüktör

mecánico
tamirci

capitán
kaptan

dentista
dişçi

científico
bilim insanı

rabino
haham

imán
imam

monje
keşiş

sacerdote
rahip

oficios - meslekler

herramientas
aletler

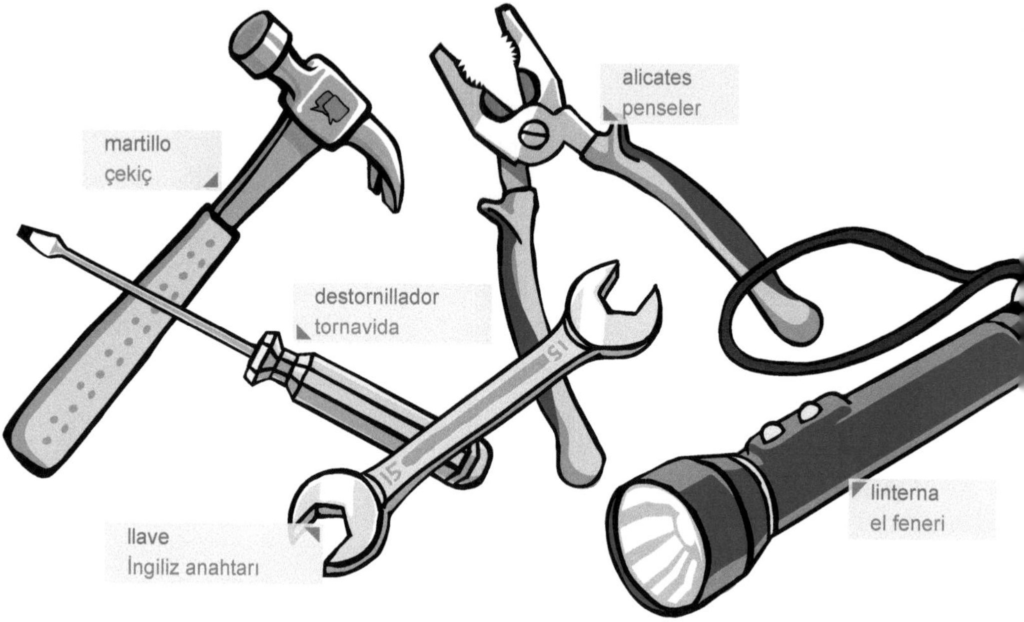

martillo
çekiç
alicates
penseler
destornillador
tornavida
llave
İngiliz anahtarı
linterna
el feneri

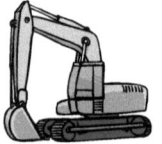

excavadora
kazı makinesi

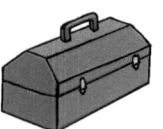

caja de herramientas
alet çantası

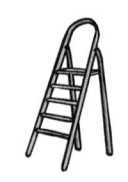

escalera de mano
merdiven

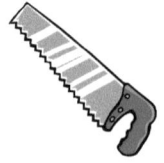

sierra
testere

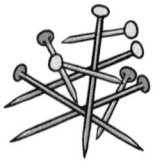

clavos
çiviler

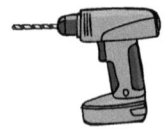

taladro
matkap

reparar
tamir etmek

pala
kürek

¡Maldita sea!
Kahretsin!

recogedor
faraş

bote de pintura
boya tenekesi

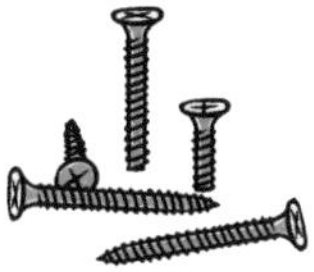

tornillos
vidalar

instrumentos musicales
müzik enstrümanı

altavoz
hoparlör

batería
bateri seti

guitarra
gitar

contrabajo
kontrbas

trompeta
trompet

piano
piyano

violín
keman

bajo
basgitar

timbales
timpani

tambor
bateri

teclado
klavye

saxofón
saksafon

flauta
flüt

micrófono
mikrofon

instrumentos musicales - müzik enstrümanı

ZOO

hayvanat bahçesi

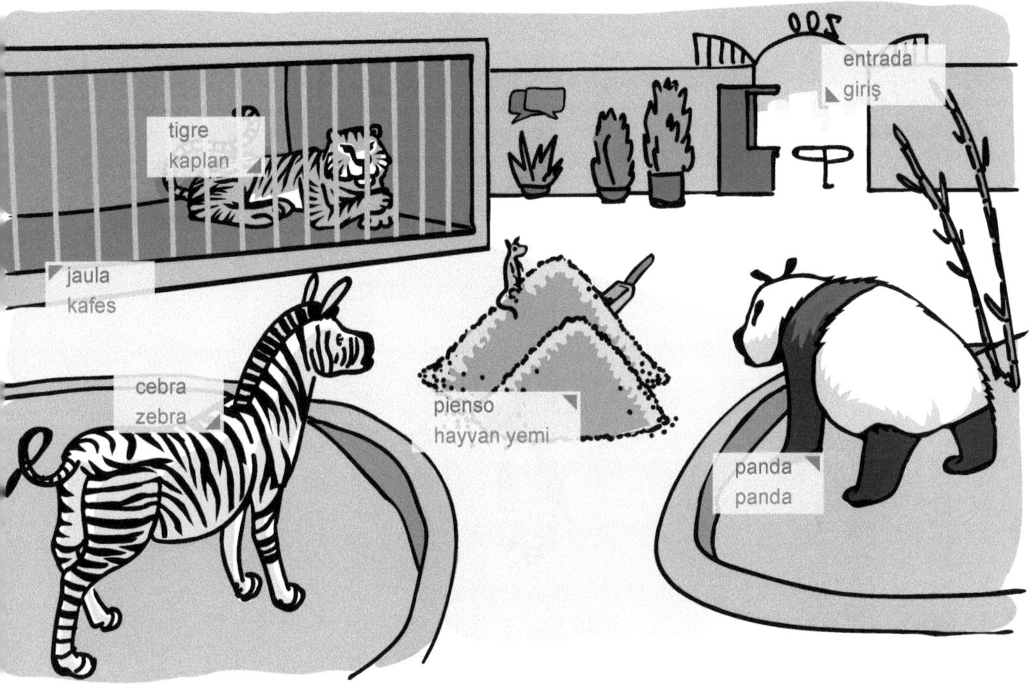
ZOO
entrada
giriş
tigre
kaplan
jaula
kafes
cebra
zebra
pienso
hayvan yemi
panda
panda

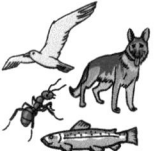

animales

hayvanlar

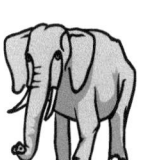

elefante

fil

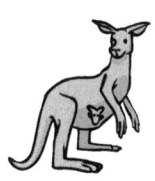

canguro

kanguru

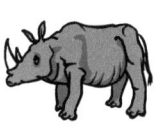

rinoceronte

gergedan

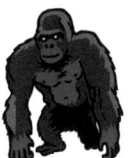

gorila

goril

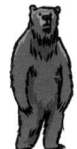

oso

ayı

camello
deve

avestruz
deve kuşu

león
aslan

mono
maymun

flamingo
flamingo

loro
papağan

oso polar
kutup ayısı

pingüino
penguen

tiburón
köpek balığı

pavo real
tavus kuşu

serpiente
yılan

cocodrilo
timsah

guardián de zoológico
hayvanat bahçesi görevlisi

foca
fok

jaguar
jaguar

poni

midilli atı

leopardo

leopar

hipopótamo

su aygırı

jirafa

zürafa

águila

kartal

jabalí

yaban domuzu

pescado

balık

tortuga

kaplumbağa

morsa

mors

zorro

tilki

gacela

ceylan

fútbol americano
amerikan futbolu

ciclismo
bisiklete binme

tenis
tenis

baloncesto
basketbol

natación
yüzme

hockey sobre hielo
buz hokeyi

boxeo
boks

fútbol
futbol

bádminton
badminton

atletismo
atletizm

balonmano
hentbol

esquí
kayak

polo
polo

actividades
etkinlikler

reír
gülmek
saltar
atlamak
abrazar
sarılmak
caminar
yürümek
cantar
söylemek
soñar
hayal etmek
rezar
dua etmek
besar
öpmek

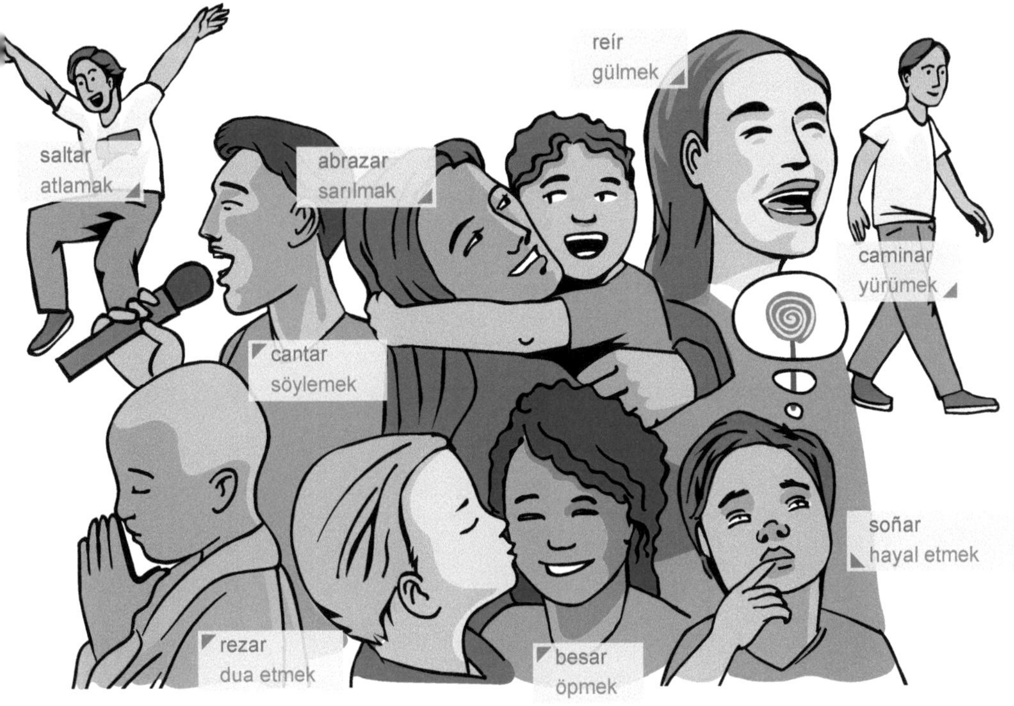

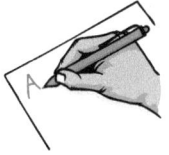

escribir

yazmak

dibujar

çizmek

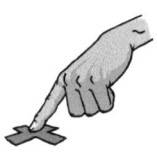

mostrar

göstermek

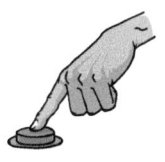

empujar

itmek

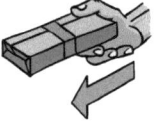

dar

vermek

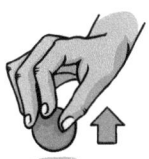

tomar

almak

tener
....
sahip olmak

hacer
....
yapmak

ser
....
olmak

estar de pie
....
ayakta durmak

correr
....
koşmak

tirar
....
çekmek

tirar
....
atmak

caer
....
düşmek

yacer
....
yalan söylemek

esperar
....
beklemek

llevar
....
taşımak

estar sentado
....
oturmak

vestirse
....
giyinmek

dormir
....
uyumak

despertar
....
uyanmak

mirar

bakmak

llorar

ağlamak

acariciar

vurmak

peinar

taramak

hablar

konuşmak

entender

anlamak

preguntar

sormak

escuchar

dinlemek

beber

içmek

comer

yemek

ordenar

düzenlemek

amar

sevmek

cocinar

pişirmek

conducir

sürmek

volar

uçmak

navegar

denize açılmak

calcular

hesapla

leer

okumak

aprender

öğrenmek

trabajar

çalışmak

casarse

evlenmek

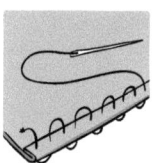

coser

dikmek

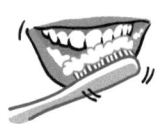

cepillarse los dientes

diş fırçalamak

matar

öldürmek

fumar

sigara içmek

enviar

yollamak

abuela
büyükanne

abuelo
büyükbaba

padre
baba

madre
anne

bebé
bebek

hija
kız

hijo
oğul

invitado
misafir

tía
teyze

tío
amca

hermano
erkek kardeş

hermana
kız kardeş

cuerpo

vücut

frente
alın
ojo
göz
hombro
omuz
dedo
parmak
cara
yüz
barbilla
çene
mano
el
pecho
göğüs
pierna
bacak
brazo
kol

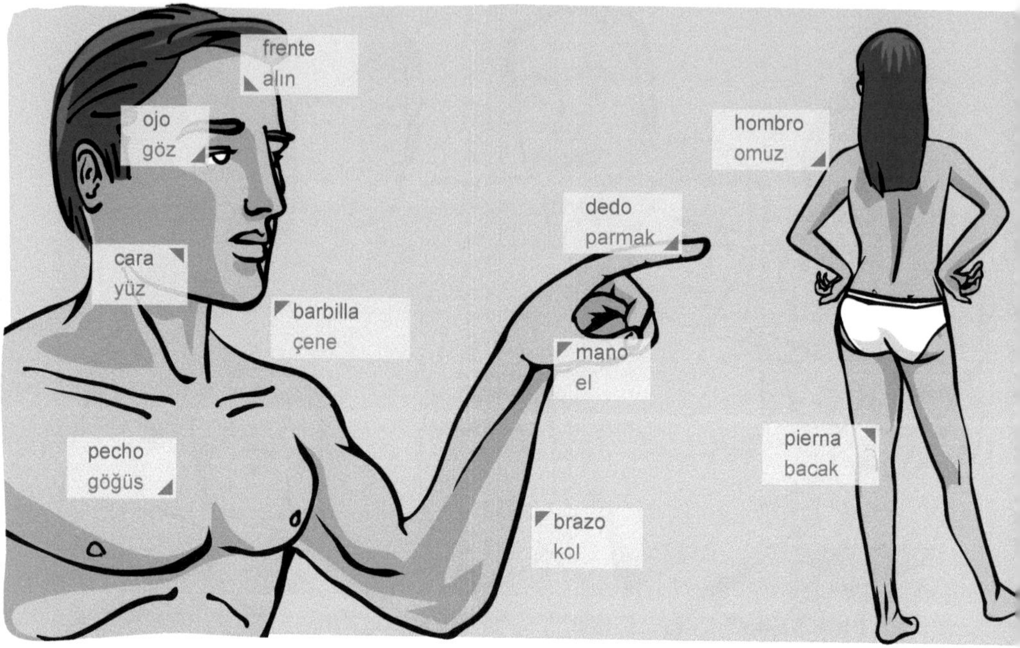

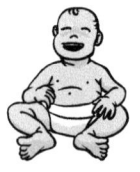

bebé

bebek

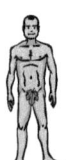

hombre

adam

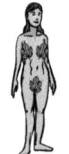

mujer

kadın

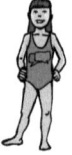

chica

kız

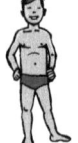

chico

erkek çocuk

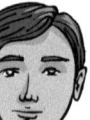

cabeza

baş

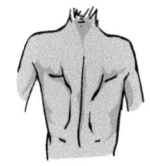

espalda
sırt

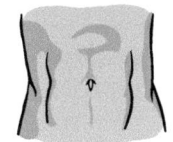

vientre
karın

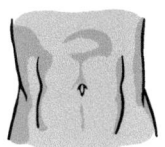

ombligo
göbek

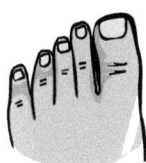

dedo del pie
ayak parmağı

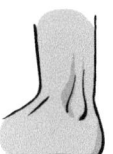

talón
topuk

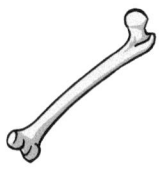

hueso
kemik

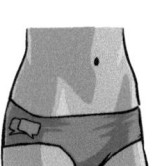

cadera
kalça

rodilla
diz

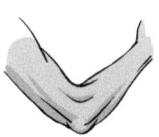

codo
dirsek

nariz
burun

trasero
kalça

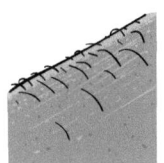

piel
deri

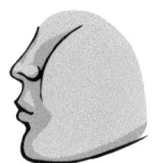

mejilla
yanak

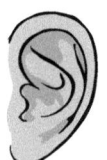

oído
kulak

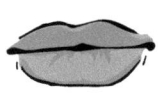

labio
dudak

boca
ağız

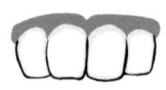

diente
diş

lengua
dil

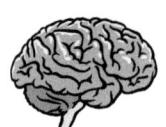

cerebro
beyin

corazón
kalp

músculo
kas

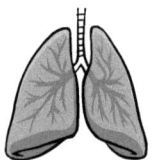

pulmón
akciğer

hígado
karaciğer

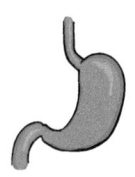

estómago
mide

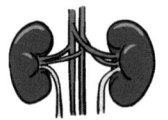

riñones
böbrekler

sexo
seks

condón
prezervatif

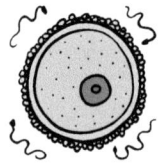

ovario
yumurtalık

semen
sperm

embarazo
hamilelik

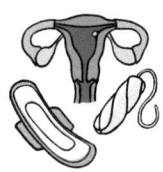

menstruación

regl

vagina

vajina

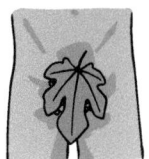

pene

penis

ceja

kaş

pelo

saç

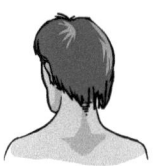

cuello

boyun

hospital
hastane

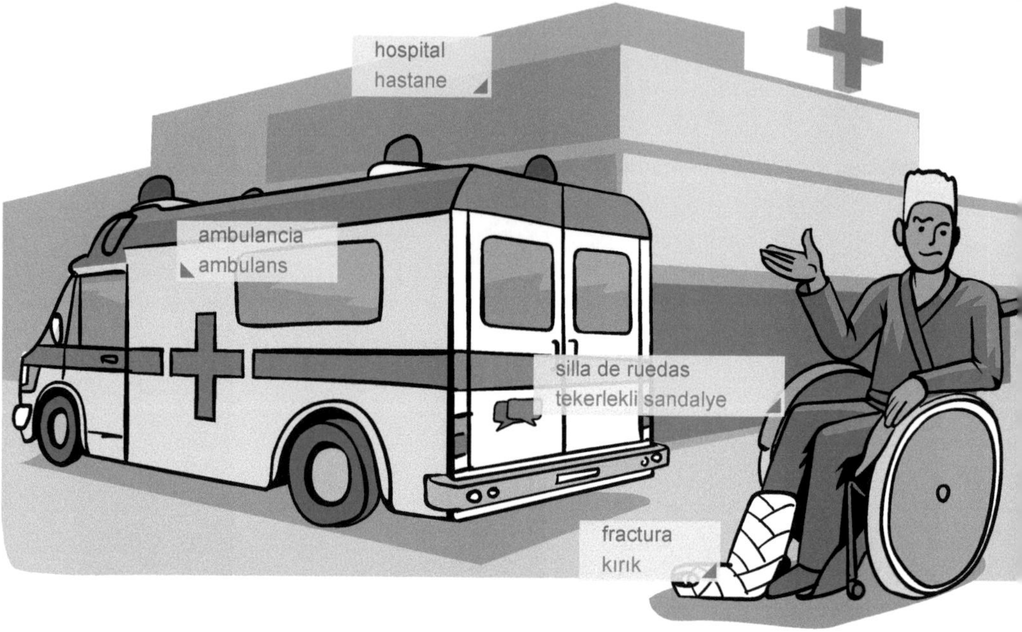

hospital
hastane
ambulancia
ambulans
silla de ruedas
tekerlekli sandalye
fractura
kırık

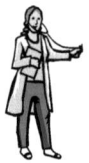

médico

doktor

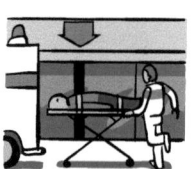

sala de urgencias

acil servis

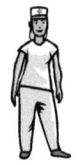

enfermera

hemşire

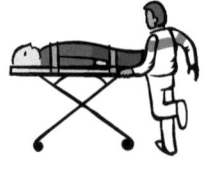

urgencia

acil

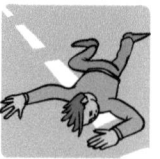

inconsciente

baygın

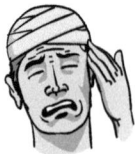

dolor

acı

lesión
yaralanma

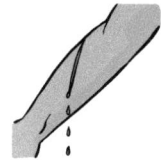

hemorragia
kanama

infarto
kalp krizi

ictus
felç

alergia
alerji

tos
öksürük

fiebre
ateş

gripe
grip

diarrea
ishal

dolor de cabeza
baş ağrısı

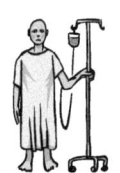

cáncer
kanser

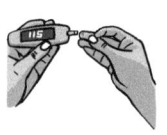

diabetes
şeker hastalığı

cirujano
cerrah

bisturí
neşter

operación
operasyon

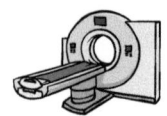

TAC
....
bilgisayarlı tomografi

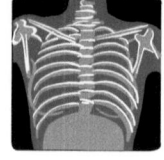

rayos x
....
röntgen

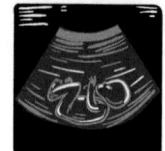

ultrasonido
....
ultrason

mascarilla
....
yüz maskesi

enfermedad
....
hastalık

sala de espera
....
bekleme odası

muleta
....
koltuk değneği

tirita
....
yara bandı

venda
....
bandaj

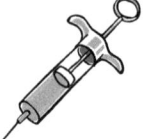

inyección
....
enjeksiyon

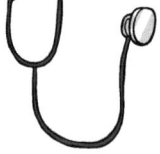

estetoscopio
....
steteskop

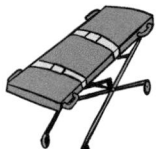

camilla
....
sedye

termómetro
....
tıbbi termometre

nacimiento
....
doğum

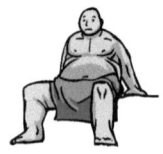

sobrepeso
....
fazla kilo

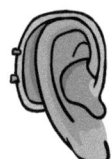

audífono

işitme cihazı

desinfectante

dezenfektan

infección

enfeksiyon

virus

virüs

VIH / SIDA

HIV / AIDS

medicina

ilaç

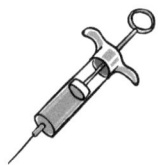

vacunación

aşı

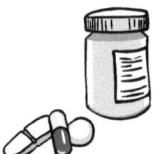

tabletas

tablet

pastilla

hap

llamada de urgencia

acil çağrı

tensiómetro

tansiyon aleti

enfermo / sano

hasta / sağlıklı

¡Socorro!

İmdat!

alarma

alarm

asalto

darp

ataque

saldırı

peligro

tehlike

salida de emergencia

acil çıkış

¡Fuego!

Yangın!

extintor de incendios

yangın tüpü

accidente

kaza

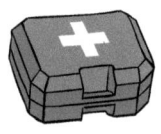

botiquín de primeros auxilios

ilk yardım çantası

SOS

imdat

policía

polis

Europa

Avrupa

Norteamérica

Kuzey Amerika

Sudamérica

Güney amerika

África

Afrika

Asia

Asya

Australia

Avustralya

Atlántico

Atlantik

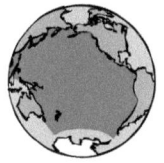

Pacífico

Pasifik

Océano Índico

Hint Okyanusu

Océano Antártico

Antarktika Okyanusu

Océano Ártico

Arktik Okyanusu

polo norte

Kuzey Kutbu

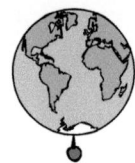

polo sur

Güney Kutbu

Antártida

Antarktika

tierra

dünya

tierra

kara

mar

deniz

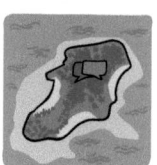

isla

ada

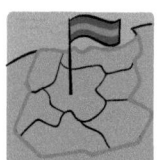

nación

ulus

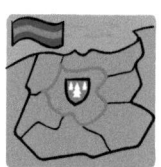

estado

ülke

esfera
kadran

manecilla de las horas
akrep

minutero
yelkovan

segundero
saniye ibresi

¿Qué hora es?
Saat kaç?

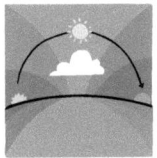

día
gün

tiempo
zaman

ahora
şimdi

reloj digital
dijital saat

minuto
dakika

hora
saat

semana
hafta

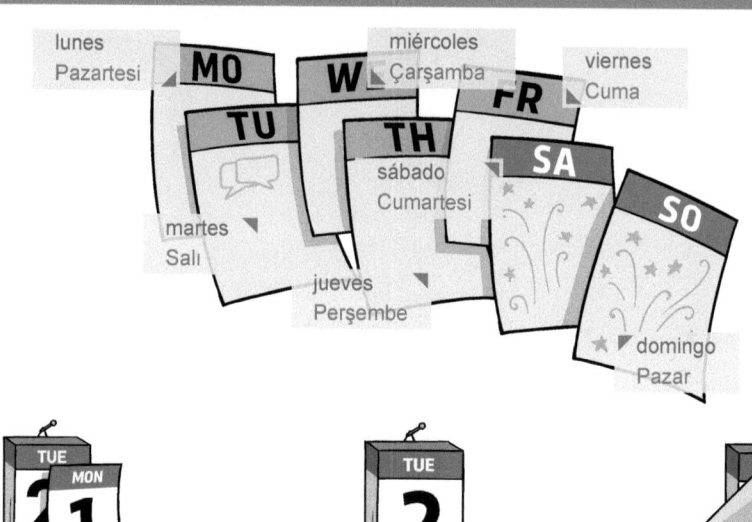

lunes
Pazartesi

miércoles
Çarşamba

viernes
Cuma

martes
Salı

sábado
Cumartesi

jueves
Perşembe

domingo
Pazar

ayer

dün

hoy

bugün

mañana

yarın

mañana

sabah

mediodía

öğle

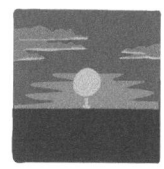

tarde

akşam

MO	TU	WE	TH	FR	SA	SU
1	2	3	4	5	6	7
8	9	10	11	12	13	14
15	16	17	18	19	20	21
22	23	24	25	26	27	28
29	30	31	1	2	3	4

días laborables

iş günleri

MO	TU	WE	TH	FR	SA	SU
1	2	3	4	5	6	7
8	9	10	11	12	13	14
15	16	17	18	19	20	21
22	23	24	25	26	27	28
29	30	31	1	2	3	4

fin de semana

hafta sonu

año

yıl

lluvia
yağmur
arcoíris
gökkuşağı
viento
rüzgar
nieve
kara
primavera
bahar
otoño
sonbahar
verano
yaz
invierno
kış

4.APRIL 11°
5.APRIL 4°
6.APRIL 13°
7.APRIL 8°
8.APRIL 10°

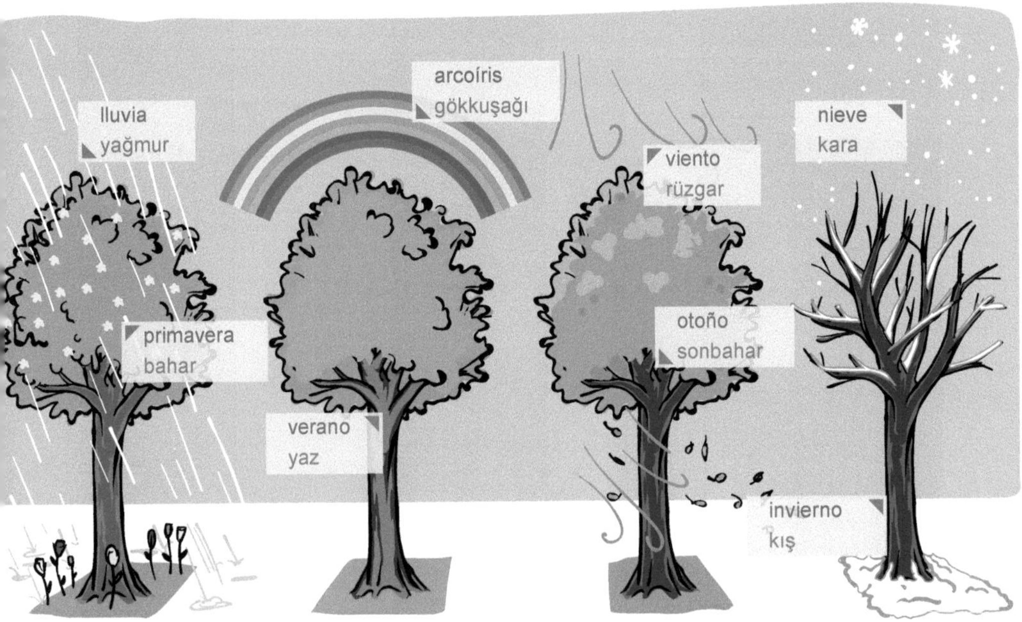

pronóstico del tiempo

hava durumu tahmini

F C
120 40
90 30
60 20
30 10
0 0
-30 -10
-20

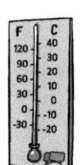

termómetro

termometre

sol

güneş ışığı

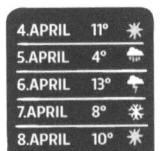

nube

bulut

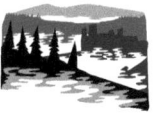

niebla

sis

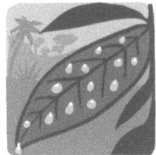

humedad

nem

rayo

şimşek

trueno

gök gürültüsü

tormenta

fırtına

granizo

dolu

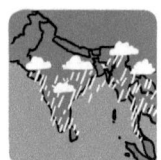

monzón

muson

inundación

sel

hielo

buz

enero

Ocak

febrero

Şubat

marzo

Mart

abril

Nisan

mayo

Mayıs

junio

Haziran

julio

Temmuz

agosto

Ağustos

año - yıl

septiembre
Eylül

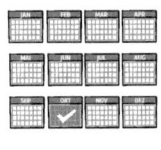

octubre
Ekim

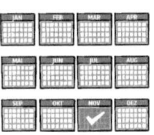

noviembre
Kasım

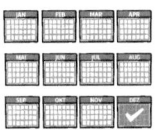

diciembre
Aralık

formas

şekiller

círculo
daire

cuadrado
kare

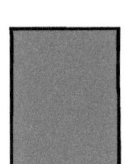

rectángulo
dikdörtgen

triángulo
üçgen

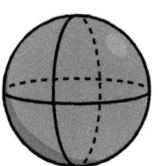

esfera
küre

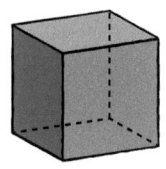

cubo
küp

colores
renkler

blanco

beyaz

amarillo

sarı

anaranjado

turuncu

rosa

pembe

rojo

kırmızı

morado

mor

azul

mavi

verde

yeşil

marrón

kahverengi

gris

gri

negro

siyah

mucho / poco

çok / az

enojado / tranquilo

kızgın / sakin

bonito / feo

güzel / çirkin

principio / fin

başlangıç / son

grande / pequeño

büyük / küçük

claro / oscuro

parlak / karanlık

hermano / hermana

erkek kardeş / kız kardeş

limpio / sucio

temiz / kirli

completo / incompleto

tamam / eksik

día / noche

gün / gece

muerto / vivo

ölü / canlı

ancho / estrecho

geniş / dar

comestible / no comestible

yenilebilir / yenilemez

malo / amable

kötü / iyi

entusiasmado / aburrido

heyecanlı / sıkılmış

gordo / delgado

şişman / zayıf

primero / último

ilk / son

amigo / enemigo

dost / düşman

lleno / vacío

dolu / boş

duro / blando

sert / yumuşak

pesado / ligero

ağır / hafif

hambre / sed

açlık / susuzluk

enfermo / sano

hasta / sağlıklı

ilegal / legal

yasa dışı / yasal

inteligente / tonto

zeki / aptal

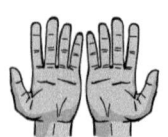

izquierda / derecha

sol / sağ

cerca / lejos

yakın / uzak

nuevo / usado

yeni / kullanılmış

nada / algo

hiçbir şey / bir şey

viejo / joven

yaşlı / genç

encendido / apagado

açma / kapama

abierto / cerrado

açık / kapalı

silencioso / ruidoso

sessiz / gürültülü

rico / pobre

zengin / fakir

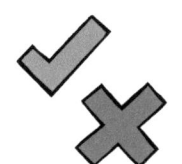

correcto / incorrecto

doğru / yanlış

áspero / suave

pürüzlü / düz

triste / contento

üzgün / mutlu

corto / largo

kısa / uzun

lento / rápido

yavaş / hızlı

húmedo / seco

ıslak / kuru

cálido / frío

sıcak / serin

guerra / paz

savaş / barış

0	1	2
cero	uno	dos
sıfır	bir	iki

3	4	5
tres	cuatro	cinco
üç	dört	beş

6	7	8
seis	siete	ocho
altı	yedi	sekiz

9	10	11
nueve	diez	once
dokuz	on	on bir

12

doce
....
on iki

13

trece
....
on üç

14

catorce
....
on dört

15

quince
....
on beş

16

dieciséis
....
on altı

17

diecisiete
....
on yedi

18

dieciocho
....
on sekiz

19

diecinueve
....
on dokuz

20

veinte
....
yirmi

100

cien
....
yüz

1.000

mil
....
bin

1.000.000

millón
....
milyon

inglés

İngilizce

inglés americano

Amerikan İngilizcesi

chino mandarín

Çince (Mandarin)

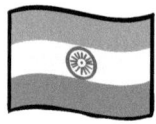

hindi

Hintçe

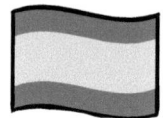

español

İspanyolca

francés

Fransızca

árabe

Arapça

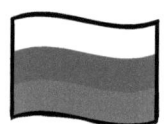

ruso

Rusça

portugués

Portekizce

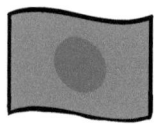

bengalí

Bengalce

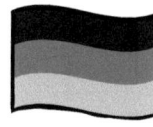

alemán

Almanca

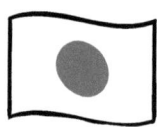

japonés

Japonca

yo

ben

tú

sen

él / ella / ello

o

nosotros/as

biz

vosotros/as

siz

ellos/as

onlar

¿quién?

kim?

¿qué?

ne?

¿cómo?

nasıl?

¿dónde?

nerede?

¿cuándo?

ne zaman?

nombre

isim

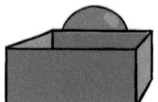

detrás

arkasında

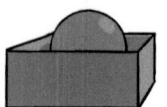

en

içinde

delante de

önünde

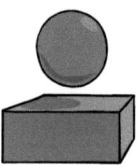

por encima de

üzerinde

sobre

üstünde

debajo de

altında

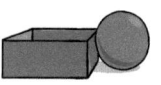

junto a

yanında

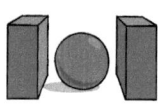

entre

arasında

lugar

yer